Max Lucado
STILLE NACHT IN MEINEM HERZEN

ÜBER DEN AUTOR

Max Lucado wurde 1955 in Texas geboren. Er war Gemeindeleiter in Miami, ging dann als Missionar nach Brasilien und arbeitete anschließend als Pastor in San Antonio/USA. In etwa 20 Jahren hat er über 50 Bücher veröffentlicht, die mittlerweile eine Gesamtauflage von 33 Millionen erreicht haben.

Bibliografische Information der Deutschen Nationalbibliothek
Die Deutsche Nationalbibliothek verzeichnet diese Publikation in
der Deutschen Nationalbibliografie; detaillierte bibliografische Daten
sind im Internet über http://dnb.dnb.de abrufbar.

Alle Rechte vorbehalten
Copyright © 2001 by Max Lucado
Published by J. Countryman, a division of Thomas Nelson, Inc, Nashville, Tennessee 37214, USA
Originaltitel: One Incredible Moment
German © 2020 / 2006 by Verlag der Francke-Buchhandlung GmbH
35037 Marburg an der Lahn
Deutsch von Ingo Rotkirch

Umschlagbilder: iStock.com/saemilee, ma_rish; Adobe Stock/lms_lms
Bilder Innenteil: Illustrationen: iStock.com/ma_rish; S. 7, 8, 14, 15, 34, 35, 54, 55, 76, 77: Adobe Stock/lms_lms; S. 10: Pixabay/ddouk; S. 16: iStock.com/Guasor; S. 20, 21, 22, 27, 42, 43, 45, 61, 66, 67, 68, 69: iStock.com/saemilee; S. 29: iStock.com/Simon Dannhauer; S. 36: iStock.com/ronstik; S. 46: Pixabay/cocoparisienne; S. 51: iStock.com/Choreograph; S. 56: iStock.com/kevron2001; S. 65: iStock.com/ happy_lark; S. 71: iStock.com/by-studio; S. 72: iStock.com/DLMcK

Umschlaggestaltung & Satz: Verlag der Francke-Buchhandlung GmbH
Printed in Poland

www.francke-buch.de

MAX LUCADO

in meinem Herzen

Stille Nacht, heilige Nacht!
Alles schläft; einsam wacht
nur das traute, hochheilige Paar.
Holder Knabe im lockigen Haar,
schlaf in himmlischer Ruh.

INHALT

Vorwort 11

ZEUGEN JENES AUGENBLICKS
Sie haben ihn zuerst gesehen

Von Vater zu Vater 17
Marias Gebet 20
Die Friedfertigen knien nieder 24
Erwartend Ausschau halten 26
Dem Stern auf der Spur 30

ZAUBER JENES AUGENBLICKS
Gedanken über Gottes Liebe

Ein bemerkenswerter Plan der Liebe 37
Werben um die Liebe der Menschen 40
Liebe ohne Zeit und Grenzen 42
Ein kleines Stück vom Himmel sehen ... 44
Hoheit in der Niedrigkeit 48
Ein offenes Herz für Gottes Liebe 50

ZUKUNFTSHOFFNUNG JENES AUGENBLICKS
Was die Krippe mir bedeutet

Den Retter suchen 57
Geladen zum Fest 60
Göttliche Gaben 66
Sehnsucht nach dem Retter 70

EPILOG
Stille Nacht im eigenen Herzen

Werde auch ich ihn sehen? 73

VORWORT

Die Nacht, in der Er kam, war wie jede andere. Der Himmel war dunkel wie immer. Hin und wieder fuhr eine Brise in die Blätter der Bäume und kühlte die Luft. Die Sterne funkelten wie Diamanten auf einem schwarzsamtenen Tuch und Wolkenschleier zogen vor dem Mond vorbei.

Eine Nacht zum Genießen – die es wert war aufzustehen, aus dem Fenster zu schauen und die Stimmung auf sich wirken zu lassen. Und dennoch – es war eine Nacht wie so viele andere. Nichts deutete daraufhin, dass sich Außergewöhnliches ereignen würde. Eine normale Nacht, mit den vertrauten Sternbildern am Himmel.

Auch bei den Schafen nichts Neues. Es gab schwarze und weiße, dickere und dünnere und manche waren trächtig – Schafe auf den Weiden, wie man sie kennt. Keine mit goldener Wolle oder sonst einer Auszeichnung. Nein, es waren ganz gewöhnliche Tiere, die schlafend im Gras lagen und mit ihren Silhouetten an Wolken erinnerten.

Und die Hirten? Männer vom Land waren sie. Wahrscheinlich besaßen sie nicht viel mehr, als sie am Leib trugen. Sie rochen nach Schaf und trugen Felle. Gewissenhaft versahen sie ihren Dienst und wachten auch nachts über ihre Herden. Kein Museum stellt heute ihre Krummstäbe aus und kein geschriebenes Wort ist von ihnen überliefert. Niemand fragte sie nach ihrer Meinung, ob es gerecht sei, sie zu verachten. Und ihre Namen sind nirgends überliefert.

Eine gewöhnliche Nacht also mit gewöhnlichen Schafen und mit Hirten, die

Gott liebt es, gerade dem Einfachen durch seine Gegenwart Würde zu verleihen. Und in jener Nacht machte er seinem Ruf alle Ehre.

nichts Besonderes auszeichnete. Und hätte Gott nicht eingegriffen, der allzu gern das Schlichte dem Herausragenden vorzieht, so wäre auch jene Nacht in Vergessenheit geraten. Wer hätte sich noch an die Schafe erinnert? Und die Hirten wären am frühen Morgen eingenickt – wie sonst auch.

Aber Gott liebt es, gerade dem Einfachen durch seine Gegenwart Würde zu verleihen. Und in jener Nacht machte er seinem Ruf alle Ehre.

Es flammte etwas auf in der Finsternis. Bäume, die eben noch als schwarze Schatten träumten, waren plötzlich in helles Licht getaucht. Schafe hoben erschrocken ihre Köpfe und blökten im Chor. Und die Hirten? Die rieben sich die müden Augen und starrten entgeistert in dieses gleißende Licht, das es eigentlich gar nicht geben konnte.

Und schon war es keine Nacht mehr wie jede andere!

O Bethlehem du Kleine,
wie still du liegst
im tiefen, tiefen Schlaf!
Merkst nicht,
wie schweigsam Sterne ziehen
und in deiner Mitte
ew'ges Licht aufscheint.
All das Sehnen vieler Jahre
findet Ziel und Hoffnung
diese Nacht in dir.

PHILLIPS BROOKS, 1867

Gott wird

Kind!

ZEUGEN JENES AUGENBLICKS
— Sie haben ihn zuerst gesehen —

Von Vater zu Vater

So habe ich's mir nicht gedacht, mein Gott! Ganz und gar nicht. Mein Sohn, er kommt im Stall zur Welt? In einem dunklen Loch, wo Schafe stehen und Esel zwischen Heu und Stroh! Und nur die Sterne hören zu, wenn meine Frau in den Wehen liegt und schreit!

Nein, so habe ich mir das nicht gedacht. Verwandte sollten uns umgeben, Großmütter zur Hand gehen, Nachbarn sich zu uns gesellen und Freunde uns zur Seite stehen – mir auf die Schulter klopfen beim ersten Schrei des Kindes. Wie hätten wir gelacht und gefeiert!

Ja, so habe ich mir das gedacht!

Und nun das! Wer wird mit uns feiern? Die Schafe etwa? Oder die Hirten draußen? Die Sterne am Himmel?

Und was für ein Ehemann bin ich? Keine Hebamme habe ich bestellt. Kein Bett habe ich ihr gebaut und im Rücken hat sie nur die Decke meines Esels.

Habe ich etwas falsch verstanden, mein Gott?

Als der Engel uns den großen Sohn weissagte, wer hätte ahnen können, dass es uns hier in diesen Stall in Bethlehem verschlägt! Jerusalem sah ich vor mir, den Tempel, Priester in Scharen und Menschen in Massen. Ein Schauspiel, das dem Messias würdig gewesen wäre.

Und wenn schon nicht Jerusalem, dann wenigstens Nazareth. Hätte er nicht dort geboren werden können? Da habe ich mein Haus und meine Werkstatt. Was aber mache ich hier fern ab der Heimat?

Mit einem müden Esel, einem Arm voll Feuerholz und einem Topf mit heißem Wasser?

Vergib mir, wenn ich frage, aber ist das die Art, wie Gott die Welt betritt? Dass ein Engel uns aus der Ruhe brachte, habe ich hingenommen. Dass uns die Leute mit Fragen so zusetzten, war lästig, aber nun gut. Die Reise nach Bethlehem – das musste eben sein. Aber die Geburt im Stall – mein Gott, wieso ausgerechnet hier?

Jeden Augenblick wird Maria entbinden – nicht irgendein Kind, sondern den Messias. Nicht einen Säugling, sondern Gott. Das hat ihr der Engel verkündigt und sie glaubt es ganz fest. Auch ich, mein Gott, würd's für wahr halten, wenn ich nur könnte. Verstehst du, dass es schwerfällt? Es ist alles ... es ist alles so ... absurd.

So aus der Bahn geraten, das bin ich nicht gewohnt, mein Gott. Ich bin ein einfacher Zimmermann, schaffe Dinge, hobele raue Hölzer glatt und sorge für rechte Winkel. Ich messe zweimal nach, bevor ich die Säge ansetze. Überraschungen sind eines Handwerkers Sache nicht. Ich brauche den Plan, den will ich sehen, bevor ich mich ans Werk mache.

Aber diesmal bin gar nicht ich es, der ans Werk geht, nicht wahr? Ich selber bin das Werkzeug! Der Hammer in deiner Hand, das Stemmeisen, das du ansetzt. Und den Plan, den hast du dir ausgedacht, nicht ich.

Da ist es wohl ziemlich dumm von mir, all diese Fragen zu stellen. Vergib, dass ich murre. Aber es fällt nicht leicht, sein Leben einem anderen in die Hand zu legen.

Ach, da ist noch etwas, Gott. Der Engel, den du gesandt hast – was würde ich drum geben, ihn jetzt in meiner Nähe zu wissen! Aber ein Mensch würde genügen, wenn's der Engel nicht sein kann. Ich kenne niemanden hier in Bethlehem. Vielleicht kann's der Wirt sein oder ein Reisender. Selbst ein Hirte wäre mir recht.

Ein Engel Gottes sagte:
»Josef, du Nachkomme Davids,
zögere nicht, Maria zu heiraten!
Denn das Kind, das sie erwartet,
ist vom Heiligen Geist.
Sie wird einen Sohn zur Welt bringen,
den sollst du Jesus nennen (›Der Herr rettet‹).
Denn er wird die Menschen seines Volkes
von ihren Sünden befreien.«

MATTHÄUS 1,20–21

Marias Gebet

Schlaf wohl, du Gotteskind, gezeugt aus himmlischer Größe und menschlicher Niedrigkeit.

Schlaf wohl in der Kühle der Nacht, denn glühender Zorn lauert schon auf dich. Schlaf wohl in der Stille des Stalls, denn deine Zukunft ist wie Donnergrollen. Birg dich heute noch in meinem Arm, denn es kommt der Tag, an dem du mir entrissen wirst.

Lass noch die kleinen Hände ruhen, denn sie werden unermüdlich sein. Keine Seide wird je durch sie gleiten und Gold werden sie nicht wiegen, obgleich sie doch königlich sind. Sie werden keinen Griffel und keinen Federkiel führen, dafür aber Dinge tun, die noch tausendmal wertvoller sind:

Geschwüre werden sie heilen, Tränen abwischen und sich in die Erde Gethsemanes krallen.

Von ganzem Herzen preise ich den Herrn.
Ich bin glücklich über Gott, meinen Retter.
Mich, die ich gering und unbedeutend bin,
hat er zu Großem berufen.
Zu allen Zeiten wird man mich glücklich preisen,
denn Gott hat große Dinge an mir getan,
er, der mächtig und heilig ist!

LUKAS 1,46–49

Diese Hände, heute geballt zu kindlichen Fäusten, sie werden kein Zepter tragen und nicht würdevoll winken vom Balkon des Palastes. Nein, sie werden von rostigen Nägeln der Römer durchbohrt.

Fallt zu, ihr Augen – solange ihr's noch könnt. Schon bald werdet ihr ansehen, wie wir Menschen diese Erde verderben.

Ihr werdet unsere Blöße sehen,
denn wir haben nichts, um uns zu bedecken.
Ihr werdet unseren Eigennutz sehen,
weil wir's nicht übers Herz bringen zu geben.
Ihr werdet unser Leid sehen,
weil wir uns selbst nicht heilen.

Ihr Augen, die ihr in die tiefste Hölle schauen werdet, ins Angesicht ihres Fürsten. Schließt euch, für einen tiefen, festen Schlaf.

Du kleiner Mund, schweig still.
Schon bald wirst du die Ewigkeit verkünden.
Wirst Tote rufen, uns Gnade lehren
und die Stolzen beschämen, dass sie schweigen.

Und ihr winzigen Füße, so klein, dass meine Hand euch umgreift. Gebt Ruhe, denn noch viele Schritte voller Mühsal liegen vor euch.

Spürt ihr schon die feuchte Kühle jener Wellen, auf denen ihr einst gehen werdet?

Den Schmerz der Nägel, den ihr dulden müsst?

Den steilen Hang, der hinab ins Reich des Bösen führt?

Ruht euch noch aus, damit ihr morgen kraftvoll schreiten könnt – hinein in diese Welt –, und viele werden euren Spuren folgen.

Kleines Herz, wie oft wirst du gebrochen werden?
Zerrissen von Undank.
Gequält von Sünde.
Und wie ein Stich mit dem Messer wird's sein,
wenn wir dich verraten.

Und doch, du Kind in meinen Armen, bist du nicht Gott, der über alles Leiden siegt? Deine Hände werden nicht genagelt bleiben, deine Augen heile Menschen sehen, dein Mund wird lachen und deine Füße werden dich nach Hause tragen.

Wo der Vater dich empfangen und umarmen wird.

Was ist dies für ein Kind im Schoß,
gehalten von Maria?
Der selig schläft, ist Christ, der König.
Die Hirten halten Wacht.
Und Engel singen:
Bringt ihm Lob,
dem Sohn des Höchsten.

*Nach einem englischen
Weihnachtslied*

Die Friedfertigen knien nieder

»Glücklich sind die Friedfertigen«, erklärte Jesus. Glücklich die Willigen. Glücklich, die sich gebrauchen und zum Werkzeug machen lassen.

Deshalb waren es die Hirten, die als Erste von seiner Ankunft erfuhren. Sie fragten nicht lange nach, ob Gott wisse, was er tue.

Wären die Engel den Theologen erschienen, so hätten diese zunächst ihre Bücher befragt. Hätten sie sich an die Vornehmen gewandt, hätten diese sich vergewissert, ob's nicht anrüchig sei, sich auf den Weg zu machen. Und die Tüchtigen hätten nach Prioritäten gefragt.

Und deshalb kamen die Engel zu den Hirten – zu den Männern also, die nicht im Ruf standen, viel für die Gesellschaft zu leisten. Es waren Männer, die viel zu wenig wussten, um Einwände zu erheben.

*Die Hirten saßen bei der Herde
und schliefen in der Nacht,
als Engel kamen her vom Herrn,
umstrahlt von großer Pracht.
»Erschreckt doch nicht!«, sprach einer schnell,
der wahrnahm ihre Bange.
»Ich bring euch frohe Kunde doch
und Freud' von hohem Range.«*

NAHUM TATE, 1700

Eine kleine Kirche außerhalb von Bethlehem markiert heute den Geburtsort Jesu. Seitlich vom Altar ist eine Grotte, die von silbernen Lampen spärlich erleuchtet wird.

Wer das Hauptschiff betritt, kann aufrechten Ganges mancherlei Kunstwerk bewundern. Wer sich jedoch der stillen Grotte zuwendet, in der ein Stern im Boden den Geburtsort eines Königs markiert, der ist gezwungen, sich zu verneigen, denn die Tür ist so niedrig, dass man sie nur geduckt durchqueren kann.

Das ist ein Bild dafür, wie wir uns Christus nähern sollten. In der von uns erschaffenen Welt der Künste gehen wir aufrechten Ganges umher. Aber um den Erlöser zu sehen, müssen wir bereit sein, uns zu verneigen.

Während also die Theologen in ihren Betten schliefen,
die Vornehmen träumten
und die Tüchtigen schnarchten,
knieten die Willigen nieder.

Sie knieten vor dem nieder, den nur jene erkennen, die bereit sind, sich gebrauchen zu lassen. Sie knieten vor Jesus Christus.

Glücklich sind die Friedfertigen.

Erwartend Ausschau halten

»In Jerusalem wohnte ein Mann namens Simeon. Er lebte nach Gottes Willen, hatte Ehrfurcht vor ihm und wartete voller Sehnsucht auf den Retter Israels. Simeon war erfüllt vom Heiligen Geist.«
LUKAS 2,25

Stellen wir uns vor, wie der weise alte Mann unterwegs in Jerusalem ist. Hier und da wird er beim Namen gerufen, dann hebt er zwar geistesabwesend die Hand zum Gruß, aber er bleibt nicht stehen wie sonst – selbst bei guten Bekannten, die am Straßenrand plaudern. Es treibt ihn an einen Ort und er darf den Zeitpunkt nicht versäumen. Deshalb die Eile.

Simeon war ein Mann, der wusste, wie man wartet. Er wusste, wie man sich auf die Ankunft des Sohnes Gottes vorbereitet. Und wie er auf das erste Kommen Christi wartete, kann uns Vorbild sein, wie wir uns für dessen Wiederkunft rüsten sollten.

»Vom Heiligen Geist dazu gedrängt, war er an diesem Tag in den Tempel gegangen. Als Maria und Josef das Kind hereinbrachten, um es Gott zu weihen, nahm Simeon es in seine Arme und lobte Gott: ›Herr, jetzt kann ich in Frieden sterben. Denn ich habe den Befreier gesehen.‹«
LUKAS 2,27–30

Simeons große Sehnsucht erfüllt sich am achten Tag nach Jesu Geburt. Josef und Maria haben ihren Sohn in den Tempel gebracht. Es ist der Tag, um ein Opfer zu bringen, der Tag der Beschneidung. Für Simeon aber ist es der Festtag seines Lebens.

In Vers 27 finden wir einen Satz, der uns aufmerken lässt: *»Vom Heiligen Geist dazu gedrängt, war er an diesem Tag in den Tempel gegangen.«* Offenbar hatte Simeon zunächst gar nicht die Absicht gehabt, in den Tempel zu gehen. Gott aber hatte andere Pläne. Wir wissen nicht, wie dieses Drängen konkret vonstatten gegangen ist. Hat ein Nachbar eine Andeutung gemacht oder seine Frau ihn veranlasst? Oder hat sein Herz zu ihm gesprochen? Wir wissen es nicht. Bekannt ist uns allerdings, dass Gott nicht zum ersten Mal mit Simeon geredet hatte. Mindestens einmal zuvor war Gott ihm mit einer Botschaft begegnet.

»*Durch Gottes Heiligen Geist wusste er, dass er nicht sterben würde, bevor er Christus, den Retter, gesehen hätte*« (VERS 26).

Man fragt sich unwillkürlich, was eine solche Botschaft bei einem Menschen auslöst. Wie wirkt es sich aus, wenn man erfährt, dass man eines Tages Gott gegenübersteht? Wir erfahren, wie Simeon darauf reagiert hat: Er »*wartete voller Sehnsucht auf den Retter Israels*« (VERS 25).

Simeon lebte also in ständiger Erwartung und hielt Ausschau nach dem, der kommen würde, um Israel zu retten.

Die griechische Sprache ist reich an Synonymen, an Wörtern also, die mit verschiedenen Nuancen denselben Begriff wiedergeben, so zum Beispiel bei »sehen«. Wegsehen, aufsehen, hinsehen, hineinsehen – dafür gibt es ganz unterschiedliche griechische Wörter. Etwas aufmerksam betrachten – dafür gebraucht man ein anderes Wort als für »mustern« oder »inspizieren«. Und prosdechomai, das in unserem Vers steht, drückt präzise aus, was Simeon tut. Dechomai heißt warten und die Vorsilbe pros deutet in die Zukunft. Er wartet auf etwas, was irgendwann mit großer Gewissheit in der Zukunft eintreten wird. Es ist ein Warten ohne Drängen und Ungeduld. Er ist sich gewiss, dass es geschehen wird, und hält stetig Ausschau danach.

Es ist ein Warten voller Zuversicht, gelassen und dennoch mit offenen Augen und Armen. Wann wird ihm unter all den Menschen, die ihm begegnen, das Gesicht erscheinen, auf das er wartet? Und jeden Tag begleitet ihn die stille Hoffnung, dass es heute sein möge.

Schließlich wird Simeons Gebet erhört. *»Simeon nahm das Kind in seine Arme und lobte Gott: ›Herr, jetzt kann ich in Frieden sterben.‹«*

Nur ein kurzer Blick in das Gesicht des Retters genügte und Simeon wusste, dass sich die Hoffnung seines Lebens erfüllt hatte. Uns wird es genauso gehen! Wir werden den Erlöser sehen – und wissen, dass er es ist.

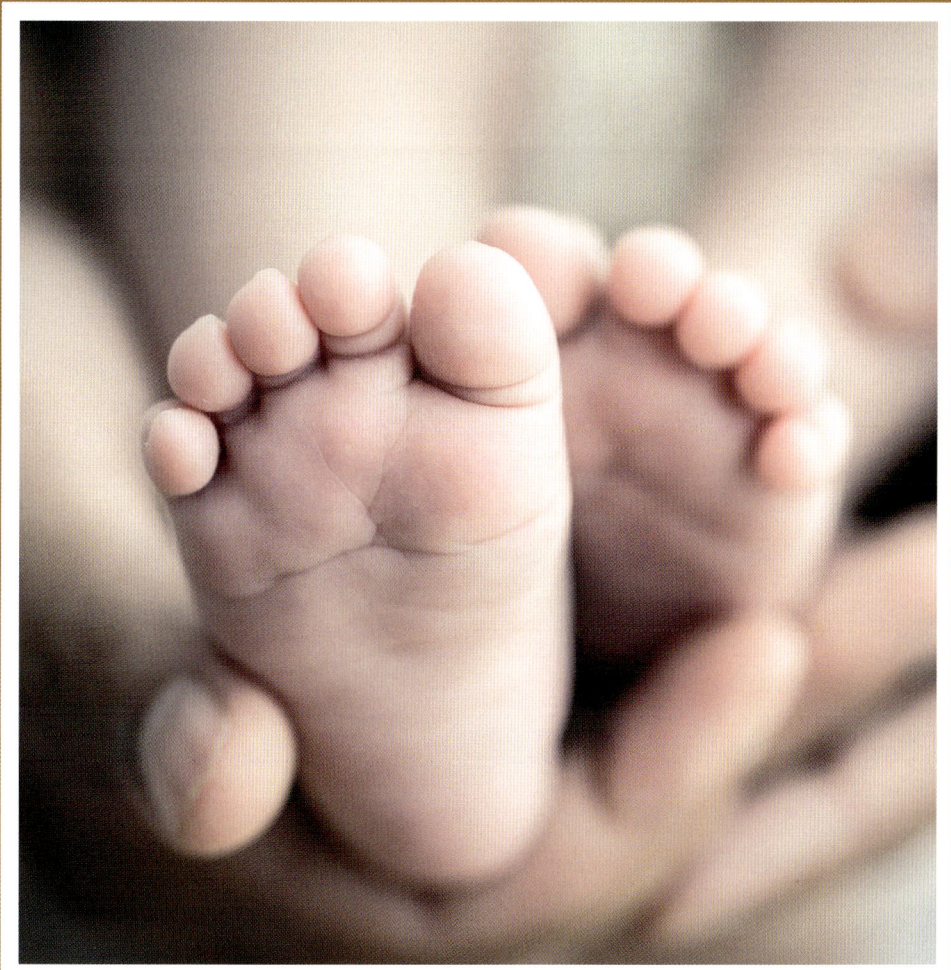

Dem Stern auf der Spur

Wenn Sie Christus ein Geschenk machen dürften, was würden Sie wohl aussuchen? Gäbe es überhaupt etwas für den, der sowieso alles besitzt – ja, der alles erschaffen hat?

Den weisen Männern aus dem Morgenland ist tatsächlich etwas eingefallen. Neben Gold, Weihrauch und Myrrhe brachten sie Geschenke für den Retter mit, die auch wir ihm heute schenken können.

Die wandernden Weisen schenkten Jesus ihre Hoffnung. Andere Menschen hatten zwar auch den Nachthimmel gesehen, aber die drei Männer erkannten die Bedeutung eines Lichtscheins darin. Dieser helle Stern entfachte in ihnen ein Feuer, das ihnen den Mut gab, sich auf die Reise zu machen. Sie packten und machten sich auf die Suche nach dem Ziel ihrer Sehnsucht – Jesus.

Wenn es Nacht wird in Ihrem Leben, worauf richten Sie dann Ihre Aufmerksamkeit? Wovon lassen Sie sich beeindrucken? Von der Finsternis oder vom Sternenheer? Herrscht Verzagtheit oder Zuversicht? Gott muss zuweilen auch in unserem Leben die Sonne untergehen lassen, damit wir ergriffen staunen können, wie prachtvoll das Sternenzelt ist, das er erschaffen hat. »*Das Licht scheint in der Finsternis*«, heißt es in Johannes 1,5. Wenn also Einsamkeit, Kummer und Verzagtheit Ihr Herz verdunkeln, dann schauen Sie in Ihrer Nacht zum Himmelszelt auf. Die kleinen Lichter trösten Sie durch alles Leid hindurch, denn sie rufen Ihnen etwas in Erinnerung: »*Ich bin das Licht für die Welt. Wer mir nachfolgt, irrt nicht mehr in der Dunkelheit umher, sondern folgt dem Licht, das ihn zum Leben führt.*« (JOHANNES 8,12)

Schenken Sie Gott darüber hinaus Ihre Zeit! Die weisen Männer taten es auch. Bevor sie Gott ihre Präsente

überreichten, schenkten Sie ihm ihre Präsenz. Wir wissen es nicht, aber mit einiger Wahrscheinlichkeit waren diese Männer Monate, wenn nicht gar Jahre unterwegs, bevor sie den himmlischen Prinzen fanden. Sie werden nur kurze Zeit vor der Krippe gekniet haben, doch der Weg dorthin war lang und beschwerlich – und dennoch von tiefer Hoffnung begleitet. Und so, wie die Weisen alles daransetzten und alles gaben, den Retter zu finden, so können auch Sie sich auf den Weg machen. »*Dann werdet ihr den Herrn, euren Gott, suchen. Und ihr werdet ihn finden, wenn ihr ehrlich und von ganzem Herzen nach ihm fragt.*« (5. MOSE 4,29)

Als sie ihn schließlich fanden, hatten sie noch ein weiteres Geschenk für ihn, nämlich ihre Anbetung. Alles deutet darauf hin, dass diese Männer wohlhabend waren. (Wie sonst hätten sie eine so teure Reise finanzieren und solch kostbare Geschenke mitbringen können?) Es müssen einflussreiche Männer gewesen sein. (Hätte Herodes sie sonst in seinem Palast empfangen?) Und sie müssen gebildet gewesen sein. (Hätten sie sonst ein Sternenbild am Himmel erkennen und ihm über Tausende von Meilen folgen können?)

> **Nach Bethlehem kommt her und seht die Engel singen ihm zur Ehre. Beugt eure Knie und betet an den Christus, Herrn der Himmelsheere.**
>
> *Nach einem französischen Weihnachtslied*

Es waren also gut betuchte, mächtige und intelligente Männer. Und was taten sie, als sie Jesus erblickten? Sie knieten nieder und beteten ihn an. (Matthäus 2,11)

Anbetung. Es ist ein Geschenk, das wie kaum ein anderes den Geber mit einbezieht. Durch die Anbetung, die wir schenken, sehen wir Gott klarer und deutlicher. Gott lädt uns ein, durch Anbetung näher in seine Gegenwart zu treten. Und je näher wir ihm kommen, desto wirkungsvoller kann er uns verwandeln. *»Wir alle aber stehen mit unverhülltem Gesicht vor Gott und spiegeln seine Herrlichkeit wider. Der Herr verändert uns durch seinen Geist, damit wir ihm immer ähnlicher werden und immer mehr Anteil an seiner Herrlichkeit bekommen.«* (2. KORINTHER 3,18)

Wie sehr freut sich Gott, wenn wir, verwandelt, wieder lachen können! Je näher wir ihm kommen, desto schneller glätten sich unsere angespannten Züge. Zweifel und Argwohn verflüchtigen sich aus unserer Miene, die zusammengebissenen Zähne lösen sich voneinander und die Augenbrauen heben sich.

Anbetung, das bedeutet, mit offenem und willigem Herzen vor Gott zu stehen und ihn gewähren zu lassen. Er aber bleibt nicht untätig. Zuerst wischt er uns die Tränen und den Angstschweiß ab. Er streicht die Sorgenfalten glatt und birgt unser Gesicht in seinen Händen. Wir sind mit unseren Lasten gekommen, um anzubeten, und gehen gestärkt wieder fort, weil er sie uns abgenommen hat.

Die Weisen suchten das Gotteskind, so, wie auch Gott seine Kinder sucht. Von solchen Menschen will Gott angebetet werden – nämlich von denen, die ihm ihre Hoffnung, Zeit und Anbetung schenken. (vgl. JOHANNES 4,23)

Gott liebt

**ohne Hintergedanken,
ohne Erwartungen, Vorbedingungen
oder geheime Klauseln.
Seine Liebe zu uns war und ist
wahrhaftig und vertrauenswürdig.**

Es werde

ZAUBER JENES AUGENBLICKS
— Gedanken über Gottes Liebe —

Ein bemerkenswerter Plan der Liebe

An seinem Schreibpult schlägt der Autor ein großes Buch mit leeren Seiten auf. Es sind darin keine Wörter zu finden, weil noch keine Wörter existieren. Und es gibt keine, weil niemand da ist, der sie braucht. Es gibt keine Ohren, die sie hören, und keine Augen, die sie lesen könnten. Der Autor ist noch allein.

Und dann nimmt er seine Feder und beginnt zu schreiben. So, wie der Maler seine Farben aussucht und der Bildhauer sein Material, so sammelt der Autor Wörter, um mit ihnen zu gestalten.

Drei Wörter sind es zunächst. Und aus ihnen formen sich nach und nach Millionen von Gedanken. Aber diese drei Wörter liegen allem zugrunde.

Er nimmt seinen Federkiel und schreibt das erste: Z-e-i-t.

Bis zu diesem Augenblick hat es sie nicht gegeben. Er selbst nämlich ist zeitlos, aber sie soll seiner Geschichte den Rahmen geben. In ihr wird die Sonne zum ersten Mal aufgehen und erstes Leben entstehen. Sie wird einen Anfang und ein Ende haben – ein letztes Kapitel. Und er kennt es, bevor er es niederschreibt.

Zeit. Ein winziger Schritt auf dem Pfad der Ewigkeit.

> **Komm, du lang ersehnter Jesus,
> geboren, um dein Volk zu lösen
> von aller Furcht und Sündenqual.
> Den Frieden lass uns in dir finden!**
>
> CHARLES WESLEY, 1744

Bedächtig nimmt sich der Autor des zweiten Wortes an. Es ist ein Name. A-d-a-m.

Und während er noch schreibt, schwebt ihm schon eine konkrete Gestalt vor. Es ist der erste Adam, aber es wird nicht bei dem einen bleiben. Viele andere werden folgen – in Tausenden von Zeitaltern, an Tausenden Orten der Erde. Jeder ein Adam – was auf Hebräisch Mensch heißt. Jeder ein Kind zunächst, spontan vom Autor geliebt und mit einer Spanne Zeit beschenkt. Und es geschieht alles mit Bedacht. Es ist kein Würfelspiel, sondern ein großer Entwurf.

Der Autor gibt denen, die er sich da gerade erdacht hat, ein Versprechen: Nach meinem Bild will ich euch gestalten. Ihr werdet sein wie ich. Ihr werdet lachen und selbst Schöpfer sein. Ihr werdet schreiben wie ich und Verfasser eures Lebens sein.

Was für eine riskante Freiheit! Wäre es nicht einfacher gewesen, jedem Menschen den Verlauf seiner Geschichte vorzuschreiben? Gewiss wäre es sicherer gewesen. Aber die Liebe! Sie gedeiht nur ohne Zwang und Vorschrift. Und so entschließt sich der Autor, jedem seiner Kinder einen Federkiel in die Hand zu geben. »Denk nach, bevor du anfängst«, wird er freundlich sagen.

Dann schreibt er mit Bedacht sein drittes Wort. Es kostet Überwindung, denn er spürt bereits im Voraus den Schmerz. I-m-m-a-n-u-e-l.

Das große Ich jenseits des Alls erdachte die Zeit und gewährte Adam, sich zu entscheiden. Aber weil der Schöpfer auch die Liebe ist, sorgt er nun vor und entwirft den Immanuel – den Gott mit uns. Der Autor ist bereit, in seine eigene Geschichte zu treten.

Auch Gott würde geboren werden und wie ein Mensch mit Leib und Seele in Versuchung geraten und Tränen vergießen.

Der Immanuel sollte – was uns Menschen ausmacht – eine Entscheidung treffen, am Scheideweg stehen und zwischen Leben und Tod wählen dürfen.

Der Autor kennt wohl die Tragweite eines jeden dieser Gedanken. Dort, wo er sein eigenes Leid beschreiben soll, da hält er inne. Soll er weiterschreiben? Selbst der Autor muss wählen. Aber wie sollte ein Schöpfer nicht erschaffen? Wie sollte ein Verfasser nicht verfassen? Wie sollte die Liebe nicht lieben? Und so entschließt sich der Schöpfer, Lebendiges zu erschaffen, obgleich es für ihn den Tod mit sich bringt.

Darauf schreibt der Autor des Lebens seine Geschichte zu Ende. Er schreibt von den Nägeln im Fleisch und vom Grabstein vor der Höhle. Und in der Gewissheit, dass Immanuel für alle eintreten wird, die falsche Wege einschlagen, setzt der Autor den letzten Punkt hinter seine Geschichte. Dann schließt er das Buch und spricht den Anfang ins Dasein:

Werben um der Menschen Liebe

Eine Frage treibt uns immer wieder um: Wir wollen wissen, wie langmütig Gottes Liebe eigentlich ist. Liebt Gott uns wirklich für immer und jederzeit? Nicht nur sonntags, wenn unsere Schuhe geputzt sind und das Haar frisiert ist? Ja, es interessiert auch mich brennend, wie Gott zu mir steht, wenn das Schlitzohr in mir erwacht – nicht, wenn ich gerade einmal lieb bin oder mich getrieben fühle, etwas gegen den Welthunger zu tun. Dann glaube ich zu wissen, was Gott von mir hält. So mag ich mich schließlich selbst.

Nein, ich möchte wissen, was er von mir hält, wenn ich auf alles schlage, was sich bewegt, wenn meine Gedanken reif für die Gosse sind und meine Zunge so scharf ist, dass sie Steine zerschneiden könnte. Wie steht er dann zu mir?

Kann mich denn irgendetwas von der Liebe trennen, mit der Gott mich beschenkt?

Gott hat diese Frage schon beantwortet, bevor wir sie stellen konnten. Damit wir die Antwort bekämen, zündete er einen Stern am Himmel an. Und mit Chorgesang erfüllte er die nächtliche Stille. So sollten wir sehen und hören und glauben, dass er etwas getan hatte, womit niemand rechnen konnte. Wer hätte es zu träumen gewagt! Er, Gott, wurde Fleisch und wohnte unter uns!

Er legte der Menschheit die Hand auf die Schulter und sagte: »Ja, du liegst mir am Herzen und ich liebe dich unendlich!«

Freue dich, Welt!
Der Herr ist da!
Empfang den König, Erde!
Schaff' jeder Raum in seinem Herzen!
Natur und Himmel stimmet ein!

ISAAC WATTS

Liebe ohne Zeit und Grenzen

Von der Zeit nicht begrenzt, sieht Gott alles auf einmal – die Wälder Brasiliens und die City von London, Wikinger und Astronauten, Höhlenmenschen und Palastbewohner, Hüttenbauer und Stararchitekten. Er hat uns alle gesehen, lange bevor wir geboren wurden.

Und er liebt, was er sieht. Von Emotionen überwältigt, wendet sich der Sternenschöpfer jedem Einzelnen von uns zu und sagt: »Du bist mein Kind. Ich habe dich von ganzem Herzen lieb. Ich weiß, du wirst mir eines Tages Kummer machen. Aber du sollst immer wissen, ich sorge dafür, dass du den Rückweg findest.«

Und um das zu beweisen, tat er etwas Außergewöhnliches.

Er verließ seinen Thron, legte sein Lichtgewand ab und umgab sich mit einer sterblichen Hülle. Der das Licht des Universums war, barg sich im Leib einer irdischen Mutter und ließ sich in eine kalte Nacht gebären.

Wie verunsichert muss Maria gewesen sein. Sollte sie ihn nähren oder preisen? Schließlich tat sie beides, denn sie erkannte zu Recht, dass er heilig und hungrig zugleich war.

Und Josef schwankte, ob er ihn Sohn oder Vater nennen sollte. Schließlich rief er ihn Jesus, denn das hatte ihm der Engel gesagt. Wie sonst sollte er einen Gott nennen, den er im Arm wiegen konnte?

Wie aufgewühlt müssen die beiden gewesen sein. »Gott, was tust du in der Welt?«, werden sie gefragt haben.

Und auch wenn sie es damals nicht gehört haben, so lautete Gottes Antwort: »Ich will, dass ihr mich vor Augen habt. Beobachtet mich, hört zu, wenn ich in eurer Sprache spreche, erlebt mich, wenn ich euren Alltag teile und selbst erfahre, was euch beschwert. Der alles erschaffen hat, wird niesen müssen und sich die Nase putzen, er wird als Lehrling lernen, seine Hände zu gebrauchen, um später im Schweiß seines Angesichts den Lebensunterhalt zu verdienen. Und trotzdem fragt ihr euch manchmal, ob Gott wohl weiß, wie ihr euch fühlt!

Ihr fragt euch, wie weit meine Liebe reichen wird? Macht euch auf den Weg zum Berg vor der Stadt, wo ein Kreuz aus rohem Holz steht. Ich, der Schöpfer, euer Gott, hänge dort oben, von Nägeln durchbohrt und mit euren Sünden besudelt. Ich habe selber gespürt, wie schwer eure Schuld wiegt, und erlebt, wie leidvoll euer Tod ist, denn ich bin für euch gestorben, damit ihr auferstehen könnt. So groß ist meine Liebe.«

Hoch! Die Botenengel singen:
»Ehre sei dem König
und Friede uns auf Erden.
Durch Gnade hat er sie versöhnt –
die Sünder mit dem Herrn der Welt.«

CHARLES WESLEY, 1739

Ein kleines Stück vom Himmel sehen

Wird der Schöpfer des Alls genug Liebe haben, um an jeder Gabelung Ihres Lebensweges, durch Höhen und Tiefen, ein väterlicher Berater und Beschützer zu sein? Stellen Sie sich einmal folgende Frage:

Wenn Gott imstande ist, Milliarden Sterne aufflammen zu lassen und ihnen eine wunderbare Ordnung zu geben, müssen Sie ihm dann nicht zwangsläufig zutrauen, dass er auch Ihr Leben wunderbar lenkt? Ist er mächtig genug, die Sonne zu entzünden, sollte er dann nicht auch die Fähigkeit besitzen, ein Licht auf Ihrem Weg zu sein? Wenn es ihm wichtig war, den Saturn mit einem Ring zu schmücken und die Venus so zu platzieren, dass sie uns als Morgenstern zur Freude dient, ist da nicht die Wahrscheinlichkeit groß, dass er auch Ihrem Leben Sinn und Ziel gibt?

Jesus hat einmal zu seinen Jüngern gesagt:

*Seht euch die Vögel an! Sie säen nichts, sie ernten nichts
und sammeln auch keine Vorräte.
Euer Vater im Himmel versorgt sie.
Weshalb macht ihr euch so viele Sorgen um eure Kleidung?
Seht euch an, wie die Lilien auf den Wiesen blühen! Sie können weder spinnen noch weben. Ich sage euch, selbst König Salomo war in seiner ganzen Herrlichkeit nicht so prächtig gekleidet wie eine dieser Blumen.
Wenn Gott sogar das Gras so schön wachsen lässt, das heute auf der Wiese grünt, morgen aber schon verbrannt wird,
wie könnte er euch dann vergessen?
Vertraut ihr Gott so wenig?*

MATTHÄUS 6,26–30

Warum hat er wohl die Welt mit so viel Überfluss ausgestattet? Müssen Vögel wirklich so melodisch singen und die Berge so atemberaubende Gipfel haben? Müssen Zebras so akkurat gestreift sein und Sonnenuntergänge so malerisch leuchten? Wozu das gezeichnete Auge auf dem Flügel eines Schmetterlings? Und aus welchem Grund tragen Papageien ein so farbenfrohes Kleid? Wozu diese Prachtentfaltung in der Natur?

Aber sind Sie nicht genauso verschwenderisch, wenn Sie lieben? Sind Sie dann nicht auch unterwegs auf der Suche nach dem schönsten Geschenk und durchstöbern Läden und Boutiquen? Ich meine nicht die Verlegenheitsgeschenke, den eiligen Einkauf in der Parfümerie auf dem Weg zur Geburtstagsfeier. Nein, ich denke an Menschen, die Sie wirklich in Ihr Herz geschlossen

haben und denen Sie etwas ganz Besonderes gönnen wollen. Wenn Sie mit dem Gesparten losziehen und das ersehnte Paar Schuhe kaufen, vielleicht eine Kette mit einem hübschen Stein, oder wenn sie am Abend vor Weihnachten lange aufbleiben, um das neue Fahrrad verschenkbereit zu machen. Warum tun Sie so etwas? Warum ist Ihnen so an den staunenden Augen gelegen, am offen stehenden Mund? Ich will es Ihnen sagen. Sie wünschen sich nichts sehnlicher, als einen Satz zu hören: »Wow, das hast du für mich getan?«

In der Tat, Sie haben keine Mühe gescheut, um dem anderen eine Freude zu machen. Und das ist auch Gottes Motiv. Wenn Ihnen das nächste Mal ein Sonnenuntergang den Atem raubt oder Sie eine Blumenwiese froh macht, dann halten Sie einen Augenblick inne und lauschen. Hören Sie, wie's vom Himmel herab flüstert? »Gefällt es dir? Das alles habe ich für dich gemacht!«

Ich möchte Ihnen etwas sagen, was Ihnen vermutlich schwerfällt zu glauben oder Ihre Vorstellungskraft überstrapaziert. Sie müssen mir nicht gleich zustimmen, aber lassen Sie uns den Gedanken gemeinsam bewegen: Würden Sie als einziger Mensch auf dieser Erde leben – sie wäre genauso ein Wunderwerk wie jetzt. Der Himalaja erhöbe sich nicht weniger majestätisch, die Südsee verlöre ihr romantisches Blau nicht. Die Abendsonne würde noch immer die Gipfel vergolden und die Morgensonne die Kälte vertreiben. Wären Sie der einzige Pilger auf diesem Erdball – Gott hätte ihn genauso verschwenderisch ausgestattet. Denn die Erde mit allem darauf ist ein Geschenk an Sie.

Und er wünscht sich so sehr, dass Sie sein Geschenk als solches erkennen. Es soll für Sie wie früher zu Weihnachten sein: Es klingelt zur Bescherung, Sie treten ein – und da steht es, das glänzend neue Fahrrad! Und erst wenn er Ihre Freude genossen hat und Sie den aufgesperrten Mund wieder schließen, beugt er sich vor und flüstert Ihnen ins Ohr: »Extra für dich!«

Fällt es Ihnen schwer, sich diesen liebenden Vater so vorzustellen? Womöglich. Aber nur, weil unsere Fantasie nicht ausreicht, uns vorzustellen, dass Gott Sonnenuntergänge schenkt, muss er ja nicht darauf verzichten, es dennoch zu tun. Bedenken wir immer: Gottes Gedanken sind so viel höher als unsere! Seine Fantasie liegt jenseits unserer Vorstellungskraft. Und um diesen Mangel zu beheben, lässt er uns immer wieder ein kleines Stück vom Himmel sehen – damit es uns ja nicht entgeht: Jeder von uns ist ihm alle Mühe wert.

Hoheit in der Niedrigkeit

Früher als sonst füllten sich die Straßen in Bethlehem. Bereits im Morgengrauen setzte lebhaftes Treiben ein. Händler richteten ihre Stände ein, Ladenbesitzer entriegelten die Türen. Hunde außer Rand und Band weckten bellend die Kinder und Eselsrufe erklangen.

Der Herbergsvater war besonders früh aufgestanden. Immerhin war sein Haus voll, jedes Lager belegt, jede Matte und jede Decke in Gebrauch. Bald würden die Gäste munter werden und bis dahin gab es noch viel zu erledigen.

Man fragt sich, worüber der Mann wohl zum Frühstück mit seiner Familie geredet hat. Ob jemand die Ankunft des jungen Paares erwähnte? Erkundigte sich einer nach ihrem Verbleib? Hatte jemand die Schwangerschaft der Frau auf dem Esel bemerkt? Vielleicht fiel beiläufig eine Bemerkung: »Ach ja, da waren diese beiden.« Nichts weiter von Belang. Kam öfters vor, dass man Ankömmlinge abweisen musste.

Außerdem geschah so viel Aufregendes in diesen Tagen, wie sollte man sich da an jeden Einzelnen erinnern? Der Erlass des Kaisers Augustus zur Volkszählung war für Bethlehem eine glückliche Fügung. Wann hatte man je so gute Geschäfte getätigt?

Nein, kaum jemand wird von den beiden Notiz genommen oder die Schwangerschaft bemerkt haben. Viel zu beschäftigt waren die Menschen und müde nach dem langen Tag. Und am nächsten Morgen gab es wieder viel zu tun. Und so bemerkte niemand, dass etwas Unglaubliches in ihrer Mitte geschehen war:

Gott war als Säugling in diese Welt gekommen!

In Davids hoher Stadt

**stand einst ein Stall,
die Niedrigkeit in Würde.
Die Mutter bettet dort ihr Kind
ins Stroh der Futterkrippe.
Maria ist die Frau
und Jesus Christ das Kind.**

CECIL FRANCES ALEXANDER, 1848

Ein offenes Herz für Gottes Liebe

Meine Töchter sind inzwischen zu alt dafür, aber als sie noch klein waren, in Gitterbettchen schliefen und Windeln brauchten, da kam ich abends nach Hause, rief sie beim Namen – und schon kamen sie mit einem Jauchzer gelaufen, die Ärmchen weit ausgebreitet. In den folgenden Minuten war das, was wir taten, unsere Sprache der Liebe. Wir rollten uns am Boden, alberten und lachten, kitzelten uns gegenseitig oder spielten Pferd und Reiter. Jeder genoss die Gegenwart des anderen. Sie erwarteten nichts von mir, außer dass ich mit ihnen spielte. Und ich erwartete nichts von ihnen, außer dass sie mich mit ihrem Spielzeughammer verschonten.

Die Kinder ließen es einfach zu, dass ich sie liebte.

Wenn ich mir vorstelle, sie wären so auf mich zugekommen, wie wir oft Gott begegnen! »Hallo, Paps, schön, dass du nach Hause kommst. Hast du mir was mitgebracht? Was zum Spielen? Was zum Naschen? Gehen wir am Sonntag ins Kino?«

»He, he«, hätte ich dann geantwortet, »ich bin doch nicht euer Diener! Ich bin euer Vater. Warum kommt ihr nicht erst mal kuscheln, damit ich euch sagen kann, wie lieb ich euch habe?«

Ist Ihnen jemals der Gedanke gekommen, dass Gott dasselbe mit Ihnen tun will? Aber nein, so was würde er nie zu mir sagen! Wirklich nicht? Wem hat er dann Folgendes zugesprochen? »*Ich habe euch schon immer geliebt, darum bin ich euch stets mit Güte begegnet.*« (JEREMIA 31,3)

Und hat er sich einen Scherz erlaubt, als er Paulus die Gewissheit gab: »*Weder Hohes noch Tiefes oder sonst irgendetwas können uns von der Liebe Gottes trennen, die er uns in Jesus Christus, unserem Herrn, schenkt*« (RÖMER 8,39)?

Versteckt in der Schatzkammer der Kleinen Propheten, in der viel zu selten gestöbert wird, finden wir folgende Sätze:

»Der Herr, euer Gott, ist in eurer Mitte; er ist stark und hilft euch! Von ganzem Herzen freut er sich über euch. Weil er euch liebt, redet er nicht länger über eure Schuld. Ja, er jubelt, wenn er an euch denkt!« (ZEFANJA 3,17)

Wer ist hier der Aktive, wer der Passive? Wer jubelt? Wer denkt an wen?

Wir bilden uns zuweilen ein, es sei an uns, dem Herrn pausenlos unsere Liebe zu bekennen. Das sollten wir grundsätzlich auch tun. Aber dann gibt es auch wieder Zeiten, da wünscht sich Gott, wir wären einmal still und ließen zu, dass er uns seine Liebe bekundet.

Ich kann mir denken, dass sich der eine oder die andere bei dem Gedanken nicht wohlfühlt. Vielleicht wenden Sie ein, Sie seien solcher Liebesbeweise nicht würdig.

Judas war es ganz bestimmt nicht und dennoch wusch Jesus ihm die Füße. Auch Petrus war Christi Zuwendung und Liebe nicht würdig und doch bereitete der Herr ihm ein Mahl. Noch waren es die Emmaus-Jünger. Trotzdem setzte sich Jesus zu ihnen an den Tisch.

Sie sind sehr kostbar für ihn.
So kostbar, dass er wurde wie Sie,
damit Sie ihm nahe seien.

Außerdem: Wer sind wir, dass wir uns anmaßen zu entscheiden, wer würdig ist und wer nicht? Wir sollten viel öfter einmal stillhalten und Gott gewähren, uns seine Liebe zu erweisen.

Gott kam als kleines Kind,

schenkte sich und vertraute sich mir an.
Mein ganzes Leben soll ein »Bethlehem« sein.
Aber lasse ich auch zu, dass alles, was ich bin,
vom Gottessohn in mir verwandelt wird?
Gottes Absicht ist es,
dass sein Sohn in mir erkennbar werde.

OSWALD CHAMBERS

Freude!

ZUKUNFTSHOFFNUNG JENES AUGENBLICKS
— Was die Krippe mir bedeutet —

Den Retter suchen

Ein Mann führte ein miserables Leben. Die Tage waren trist und die Nächte lang. Henry wollte eigentlich nicht unglücklich sein, aber er war es nun einmal. Im Laufe der Jahre hatte sich vieles verändert in seinem Leben. Die Kinder waren erwachsen und außer Haus, neue Nachbarn waren ins Viertel gezogen und die Atmosphäre in der Stadt hatte sich verschlechtert.

Und da er nicht mehr froh wurde, entschloss er sich, einen Pastor um Rat zu fragen, was mit ihm nicht stimme.

»Bin ich unglücklich, weil ich irgendeine Sünde begangen habe?«, fragte er.

»Ja«, antwortete der weise Pastor. »Sie haben gesündigt.«

»Und was könnte das für eine Sünde sein?«

»Ignoranz«, kam die Antwort. »Sie machen sich der Sünde schuldig, mit geschlossenen Augen durchs Leben zu gehen. In einem Ihrer Nachbarn lebt nämlich der Messias und Sie haben es nicht bemerkt.«

Der Mann verließ den Pastor und wusste nicht recht, was er mit dessen Antwort anfangen sollte. »Einer meiner Nachbarn ist der Messias?«, fragte er sich und begann darüber nachzudenken, wer es sein könne.

Vielleicht Tom, der Metzger? Aber nein, der ist zu faul. Oder Tina, meine Cousine, die weiter unten wohnt? Unmöglich, viel zu eingebildet. Kevin, der Zeitungsjunge? Der ist zu frech. Der Mann war ratlos. Jeder, der ihm einfiel, hatte viel zu viele Fehler. Aber in einem sollte doch der Messias stecken! So begann er, aufmerksamer hinzuschauen.

Und bald entdeckte er Dinge, die ihm zuvor gar nicht aufgefallen waren. Der Lebensmittelhändler trug immer der alten Dame die Einkaufstaschen zum Auto. Vielleicht ist er ja der Messias. Der Polizist an der Ecke verteilte Kaugummis an die Kinder, wenn sie gut aufpassten. Könnte er es sein? Und das junge Paar, das ins Nachbarhaus gezogen war? Sie kümmerten sich rührend um ihren alten Hund. Mag einer von ihnen …?

Mittlerweile bemerkte er viele positive Eigenschaften an Menschen, die ihm zuvor vollkommen entgangen waren, und damit veränderte sich seine ganze Einstellung zum Leben. Der Elan kehrte zurück, auch das Funkeln in seinen Augen. Wenn andere redeten, hörte er jetzt aufmerksam zu, denn es hätte ja der Messias aus dem einen oder der anderen sprechen können. Und bat jemand um Hilfe, so setzte er sich ein. Wer weiß, vielleicht war es ja der Messias, der seine Hilfe benötigte.

Diese Veränderung war so augenfällig, dass ihn eines Tages jemand fragte, warum er so strahle. »Keine Ahnung«, antwortete Henry. »Ich weiß nur, dass sich vieles verändert hat, seit ich überall nach Gott Ausschau halte.

Es ist schon bemerkenswert: Der Mann erkannte den Messias, obgleich er nicht wusste, wie er aussah, und Jesu Zeitgenossen gingen achtlos an ihm vorbei, weil sie genau zu wissen glaubten, wie er auszusehen hatte.

Ob Jesus auch bei Ihnen in der Nachbarschaft wohnt?

Freude und Segen

Nicht nur zum Fest der Weihnacht,
nein, durchs Jahr
wird all die Freude, die du schenkst,
ins eigene Herz sich kehren.
Und streust du mächtig aus
den Segen
für die, die arm, betrübt
und einsam sind –
empfängst du wieder,
was du gabst.

JOHN GREENLEAF WHITTIER, 1866

Geladen zum Fest

Manchmal wird man eingeladen und dann heißt es: Jeder macht etwas zu essen und bringt es mit. Das ist auf den ersten Blick eine gute Sache – aber wehe, man kann nicht kochen und hat in der Küche zwei linke Hände! Dann wird es peinlich und man mag ja auch nicht ohne eigenen Beitrag erscheinen. So ging es mir, als ich einmal zu solch einer Feier eingeladen war. Ich fühle mich in der Schürze wie ein Bodybuilder im Ballettröckchen. Und da hatte ich plötzlich ein Problem.

Ich konnte keinen Beitrag leisten und so meinte ich, auch kein Recht zu haben, dort aufzukreuzen. Ich war ausgestoßen, man würde mich als Schmarotzer meiden und mir die kalte Schulter zeigen – so fürchtete ich.

Das war mein Problem damals. Aber nehmen Sie es mir nicht übel, wenn ich zu bedenken gebe, Ihr Problem sei womöglich noch gravierender.

Auch Gott hat nämlich zum Fest geladen – zum Fest aller Feste. Kein Umtrunk, keine Party, sondern ein großes Bankett im himmlischen Thronsaal.

Aber die Sache hat einen Haken. Wer zum Fest zugelassen werden will, der muss ein makellos reines Gewand tragen. Nicht der leiseste Schatten ist erlaubt. Man muss gerecht vor Gott sein – nicht nett, nicht anständig, nicht treuer Steuerzahler oder Kirchgänger.

Die Bürger des Himmels sind nämlich sündlos.

Wir alle tun gelegentlich Gutes. Wenige tun es überwiegend. Aber wer kann sich schon rühmen, ohne Ausnahme Gutes zu bewirken? Paulus jedenfalls schreibt, dass niemand dazu imstande ist: »*Es gibt keinen, auch nicht einen Einzigen, der ohne Sünde ist.*« (RÖMER 3,10)

Wer aber ist denn überhaupt sündlos? Gott ist es und deshalb sind seine Anordnungen immer gerecht. (RÖMER 1,32) Gott richtet gerecht. (RÖMER 2,5) Wie Gott unser Leben lenkt, ist gerecht. (RÖMER 8,4) Und was er tut, ist gerecht. »*Wir haben die gerechte Strafe bekommen, Herr*«, heißt es in DANIEL 9,14.

Gott tut niemals etwas Verkehrtes. Er hat niemals eine falsche Wahl getroffen, die falsche Einstellung gehabt, den falschen Weg eingeschlagen oder ein falsches Wort gesprochen. Er kommt niemals zu spät oder zu früh, spricht niemals zu laut oder zu leise mit uns, zu schnell oder zu langsam. Er hat immer recht gehabt und wird recht behalten, weil er fehlerlos ist.

Gott vergibt uns, weil seine Barmherzigkeit so groß ist.
Aus der Höhe kommt sein Licht zu uns.
Dieses Licht wird allen Menschen leuchten,
die in Nacht und Todesfurcht leben;
es wird uns auf den Weg des Friedens führen.

LUKAS 1,78–79

Wird der vollkommen Gerechte aber die Ewigkeit mit uns verbringen wollen, die wir nicht gerecht sind? Würde Gott unsere Sündigkeit hinnehmen – gewiss, das wäre nett von ihm. Aber wäre es gerecht? Wäre es richtig, einfach so über unsere Sünden hinwegzusehen? Sollte er sich selber untreu werden? Nein, das wäre nicht richtig und nicht gerecht. Und er ist schließlich die Gerechtigkeit in Person.

So ließ er Jesaja verkünden, dass seine Gerechtigkeit der Maßstab für alles ist, wonach sein Haus vermessen wird (JESAJA 28,17). Kommen wir also ohne ein makelloses Gewand, müssen wir draußen bleiben, weil wir die geforderte Gerechtigkeit nicht vorzuweisen haben. Paulus beschreibt es mit folgenden Worten: *»Deshalb kann sich keiner herausreden. Alle Menschen auf der Welt sind vor Gott schuldig.«* (RÖMER 3,19) Was aber bleibt uns da zu tun?

Unser Herr ist gerecht und wir sind sündig. Sein Fest aber dürfen nur die Gerechten besuchen. Das sind wir nicht einmal annähernd. Was nun?

Ich will Ihnen sagen, was ich damals getan habe. Ich habe meinen Mangel eingestanden. Ich schickte ein E-Mail an alle, die zu der Feier zusammenkommen wollten: »Ich kann nicht kochen und deshalb nichts beitragen. Deshalb verzichte ich auf meine Teilnahme.«

Und was meinen Sie – hat sich jemand meiner erbarmt?

Es kam zwar keine Reaktion von denen, die geladen waren, und dennoch kam mir eine liebe Schwester aus der Gemeinde zu Hilfe. Sie gehörte gar nicht zu den Gästen. Ich weiß also nicht, wie sie von meiner misslichen Lage erfuhr. Womöglich landete mein Name auf irgendeiner Liste mit Gebetsanliegen. Jedenfalls erschien sie kurz vor Beginn des Festes bei mir und überreichte mir eine große Schüssel mit herrlichem Salat. Es war ein Geschenk, das von Herzen kam.

Und durch dieses Geschenk erlangte ich die Berechtigung, an der Feier teilzunehmen.

Bin ich dann noch hingegangen? Aber gewiss! Wie einen Orden auf dem Samtkissen trug ich meine Schüssel hinein, stellte sie auf das Büfett und hoffte, dass

Ein Geschenk, das von Herzen kam.

jeder es sah, worauf der Gastgeber mir einen Platz an der Tafel anwies.

Auch Sie haben eine Zutrittsberechtigung für den Festsaal Gottes geschenkt bekommen! Nur hat er viel mehr für Sie getan, als eine Schüssel Salat vorzubereiten.

Jesus stand beim Richter, blickte hinab auf die Schöpfung und bat: »Leg mir die Strafe für alle ihre bösen Taten auf. Siehst du den Mörder dort? Bestrafe mich. Die Ehebrecherin? Ich nehme ihre Schande auf mich. Den frommen Heuchler, den Lügner, den Dieb? Geh mit mir vor, wie du mit ihnen verfahren würdest. Behandle mich so, als wäre ich ein Sünder.«

Und Gott gewährte ihm die Bitte. »Er, der frei von jeder Schuld war, starb für uns schuldige Menschen, und zwar ein für alle Mal. So hat er uns zu Gott geführt« (1. Petrus 3,18).

Ja, Gerechtigkeit, das ist Gott selbst, und deshalb kann er keine Sünde in seiner Nähe dulden. Wir aber sind alles andere als gerecht. Und so hat er »uns gezeigt, wie wir vor ihm bestehen können« (Römer 3,21).

Zum Schluss noch ein Gedanke zu dem Fest damals. Ob jemand geahnt hätte, dass ich den Salat nicht selbst gemacht hatte? Wie dem auch sei, ich habe es den anderen ohnehin gesagt! Ich habe verraten, dass ich durch den Einsatz eines anderen kommen durfte. Und so bestand mein Beitrag nur darin, mich zu meiner Schwäche zu bekennen.

Das Gleiche gilt übrigens, wenn es um die Ewigkeit geht.

Göttliche Gaben

Was tun wir nicht alles, um diejenigen zu beschenken, die wir lieben! Dabei scheuen wir keine Mühe, nicht wahr? Und zwar immer wieder aufs Neue. Zu jedem Weihnachtsfest, zu jedem Geburtstag begeben wir uns in Welten, die uns normalerweise fremd sind. Erwachsene durchstöbern Spielwarenabteilungen, Väter wagen sich in Boutiquen für Teens, Ehefrauen betreten den Anglerbedarf und Ehemänner wählen ein Handtäschchen aus.

Wir suchen aber nicht nur ungewohnte Orte auf, wir tun auch Dinge, die nicht alltäglich für uns sind. Wir schrauben um Mitternacht Fahrräder zusammen, räumen Ecken auf, wo wir sonst niemals hinlangen, um etwas dort sicher zu verstecken, und ich hörte von einem Freund, der zu seinem Hochzeitstag ein ganzes Kino mietete, um den ersten gemeinsamen Liebesfilm dort anzusehen.

Wie oft wachsen wir über uns selbst hinaus, wenn es darum geht, einem anderen eine Freude zu machen. Und in der Tat sind wir Gott am ähnlichsten, wenn wir andere beschenken.

Haben Sie sich jemals gefragt, warum Gott so viel und gerne schenkt? Wir würden mit weniger Gaben von ihm auskommen. Überleben würden wir auch in einer trostloseren Welt. Aber er hat es anders gewollt!

Er schenkte uns Farben – die Morgenröte und den azurblauen Himmel.

Er schenkte uns Töne – das Tirilieren der Lerchen überm weiten Feld und die Harmonien, die wir komponieren können.

Er schenkte uns Wohlgerüche – den Duft des Flieders oder die Frische der Nachtluft.

Er schenkte uns Aromen – köstliche Speisen auf unseren Tellern.

Warum schuf er alles so vielfältig?

Wozu diese bunte Welt?

Könnte es sein,

dass er einfach das Strahlen

auf unseren Gesichtern sehen will?

Wir aber danken Gott für seine unaussprechlich große Gabe.

2. KORINTHER 9,15

Wenn wir schon Geschenke machen, um unsere Liebe zu bekunden, wie viel mehr wird er dann zu geben haben! Wenn schon wir Egoisten gerne schenken, wie viel freudiger wird dann Gott, der rein und vollkommen ist, schenken wollen! Jesus hat einmal gesagt: »*Wenn schon ihr hartherzigen Menschen euren Kindern Gutes gebt, wie viel mehr wird euer Vater im Himmel denen Gutes schenken, die ihn darum bitten!*« (MATTHÄUS 7,11)

Gottes Freigebigkeit sagt etwas darüber aus, wie sein Herz beschaffen ist. Jakobus schreibt dazu: »*Alles, was Gott uns gibt, ist gut und vollkommen.*« (1,17)

Jedes seiner Geschenke offenbart seine Liebe zu uns. Das größte aber, das er uns gemacht hat, ist das Kreuz – sein größter Liebesbeweis. Seine Geschenke sind allerdings nicht in buntes Papier gewickelt, sondern in Herzblut verpackt. Und sein größtes liegt nicht unter dem Tannenbaum, sondern hat Karfreitag am Kreuz sein Leben gelassen.

Deshalb erlangt seine weihnachtliche Geburt erst im Hinblick auf das große Geschenk am Ende seines irdischen Lebens wahre Bedeutung. Jesus opferte sich für uns und ertrug schweres Leid und grässliche Qualen, alles, um uns seine unverbrüchliche Liebe zu zeigen.

Wenn Sie an Weihnachten seine Geburt feiern, dann machen Sie sich wieder einmal bewusst, wie beschenkt und geliebt Sie sind. Und Gott lauscht in die weihnachtliche Stille, ob er Sie nicht fassungslos staunend fragen hört: »Das hast du alles für mich getan?«

»Ja, das habe ich alles für dich getan!«, wird seine Antwort lauten.

Alles,
was Gott uns gibt, ist gut und vollkommen.

JAKOBUS 1,17

Sehnsucht nach dem Retter

Simeon sprach: »*Ach Herr, lass mich leben, bis ich ihn gesehen habe!*«

Die Weisen sprachen: »*Sattelt die Kamele. Wir werden nicht ruhen, bis wir ihn gefunden haben.*«

Die Hirten sprachen: »*Auf! Lasst uns gehen und nachsehen!*«

Sie alle verspürten eine tiefe Sehnsucht und fanden sie in Jesus erfüllt. Es war ihnen wichtig. Man bricht nämlich nur auf und sucht, wenn man ein Herzensanliegen hat. Sie sehnten sich nach einer besseren Heimat, nach der Heimat im Himmel. Deshalb bekennt sich Gott zu ihnen.

Sehnsucht – was für ein großes Wort! Es meint ein tiefes Verlangen, und wer davon ergriffen wird, der begibt sich auch auf Wege voller Unwägbarkeiten. Er wird zum Pilger. Spüren Sie in den Feiertagen dieser Sehnsucht einmal nach und begreifen Sie, dass hinter aller Beschaulichkeit, die Sie sich schaffen mögen, etwas viel Bedeutenderes auf Sie wartet. Möge dieses Buch Ihnen noch einmal vor Augen geführt haben, dass alles, was Sie sich an Besitz und Ansehen erarbeitet haben, unbedeutend ist gemessen an dem, was Sie als Geschenk von Gott in Händen halten. Und wenn Sie es noch nicht in Händen zu halten glauben, dann machen Sie sich mit Sehnsucht im Herzen auf die Suche nach dem König, der zu Weihnachten geboren wurde.

Geben Sie sich nicht mit Engeln zufrieden. Auch der Anblick der Sterne am nächtlichen Himmel mag ergreifend sein, aber das, was Gott Ihnen schenken will, ist viel, viel größer! Machen Sie sich also auf den Weg wie die Hirten. Gestehen Sie sich Ihre Sehnsucht ein wie Simeon und beten Sie an wie die Weisen. Es sollte Ihnen kein Weg zu weit sein, um Christus zu sehen.

Gott hält großen Lohn für die bereit, die ihn persönlich als das Du in der Ewigkeit suchen – nicht aber Lehren, Kirchen oder Glaubensbekenntnisse. Manche geben sich damit zufrieden, den Katechismus auswendig zu lernen, doch der Lohn ist denen vorbehalten, die sich mit nichts Geringerem begnügen als mit Jesus allein.

> **Lob, Ehr sei Gott**
> **im höchsten Thron,**
> **der uns schenkt**
> **seinen eingen Sohn.**
> **Des freuen sich der Engel Schar'**
> **und singen uns solch neues Jahr.**

MARTIN LUTHER, 1535

EPILOG

— Stille Nacht im eigenen Herzen —

Werde auch ich ihn sehen?

Es ist Heiligabend. Die Nacht der Nächte. Ins Haus ist Stille eingekehrt. Selbst der Kaminofen knistert nicht mehr. Ein letztes Glimmen schenkt noch einen Rest von Wärme. Der Weihnachtsbaum hat seine Schuldigkeit getan. Lichtlos steht er in der dunklen Ecke.

Heilige Nacht. Was für ein Tag geht zu Ende! Erst die viele Arbeit, dann gutes Essen. Geschenke. »Oh, danke schön!« – »Wär' doch nicht nötig gewesen.« – »Oma ist am Telefon.« – »Doch, es passt.« Knietief durchs Geschenkpapier waten. Ein paar Kamerablitze, damit das Fotoalbum voll wird.

Heilige Nacht. Alles vorbei. Eben noch lagen die hübschen Päckchen unter der Tanne. Aus Geschenken ist Eigentum geworden. Das liebevoll ausgesuchte und gefaltete Buntpapier verkümmert zerknüllt in einer Abfalltüte. Teller, Tassen und Besteck sind schon in der Spülmaschine und die Karpfenreste in Alufolie verpackt.

Gottes Hilfe ist nahe und immer verfügbar, aber sie wird nur dem gewährt, der sie auch haben will.

Heilige Nacht. Jetzt ist es zwölf und ich bin immer noch wach. Sollte schlafen gehen. Aber ein Gedanke lässt mich nicht los. Wie doch dieses Fest die Welt für kurze Zeit in Atem hält! Eine Weile ist alles so anders.

All der Festschmuck, mit dem sich die Menschheit für einen Moment die Welt verschönert, soll doch eigentlich daran erinnern, dass es neben dem Alltag etwas gibt, was von höherem Wert ist. Endlich haben wir einmal Gelegenheit, Werkzeug, Stifte oder Tastatur beiseitezulegen. Wir dürfen unsere Tretmühlen verlassen und in einem Augenblick der Stille den Stern von Bethlehem betrachten.

Es ist wie keine andere eine Zeit der Freude. Selbst wenn es vielen nicht mehr bewusst ist, ist dies die Zeit, da das Christuskind in aller Munde ist. Wann sonst singen die Menschen so viele Lieder über den, der gekommen ist?

Und was hat das zur Folge? Für ein paar kostbare Stunden bricht sich eine oft verdrängte Sehnsucht aller Menschen Bahn. Wir singen dann wie in einem großen Chor ein und dieselbe Botschaft – der Hafenarbeiter und die Staranwältin, der Asylant und die Hausfrau und Millionen von Menschen, die innehalten und vielleicht eine Ahnung davon bekommen, was das Geheimnis von Bethlehem für diese Welt bedeutet. »O lasset uns anbeten« singen wir und wecken damit womöglich den schläfrigsten Hirten.

Ein paar wertvolle Stunden lang ist ER im Blickpunkt. Christus der Herr. Diejenigen, die ihn ein ganzes Jahr lang nicht wahrgenommen haben, denken plötzlich an ihn. Menschen, die seinen Namen zwölf Monate lang zum Fluchen missbraucht haben, halten inne, werden vielleicht nachdenklich und singen einen Lobpreis auf ihn. Wer sind wir, dass wir in Zweifel ziehen, wie ehrlich sie es meinen?

Plötzlich ist ER überall.

In den funkelnden Augen des chinesischen Kellners, der erzählt, dass er über die Feiertage nach Hause fahren kann, um seine Kinder zu sehen.

In der Wiedersehensfreude einer Mutter, die ihren Sohn aus Übersee begrüßt.

Im Herzen jenes Mannes, der am Feiertag bei den Obdachlosen war, um warme Suppe zu verteilen und einen Segen dazu.

Im kurzen Augenblick des Innehaltens, wenn die Käufer stehen bleiben und im Herzen berührt dem Kinderchor lauschen, der »Ich steh an deiner Krippen hier« singt.

Das alles ist Immanuel. Gott mit uns. Ja, er ist uns ganz nah gekommen.

Noch ist Heilige Nacht. Doch bald schon wird aufgeräumt, der Baum abgeschmückt und aus dem Fenster geworfen. Größe 36 wird in 40 umgetauscht, der Ring gegen eine Kette. Das Leben wird wieder sein, wie es immer war. Die Kreditkartenrechnungen flattern ins Haus und so manche üppige Gabe, die nicht von Herzen kam, wird nun zur Bürde. Der Zauber dieser Heiligen Nacht ist oft viel zu schnell verflogen. Aber noch nicht! Noch spüre ich diese weihnachtliche Stimmung, ein heiliges Schweben. Vielleicht bin ich deswegen noch wach. Ich möchte die Atmosphäre auskosten, solange sie besteht. Und es drängt mich, dafür zu beten, dass diejenigen, die an diesen Tagen Gott flüchtig begegnet sind, ihn auch im Hochsommer noch spüren.

Ein Gedanke ist es, der mich tief bewegt: Wenn eine solch flüchtige Begegnung mit Gott die Menschen schon derart beflügelt, was könnte da aus uns werden, wenn wir ihm Tag für Tag so nahe kämen?

Das Geschenk

**macht nicht der Mensch
seinem Gott,
sondern Gott
seinen Menschen.**